9 VIDAS Y SIGO CORRIENDO

9 VIDAS Y SIGO CORRIENDO

La Victoria del hombre Contra el cancer de cerebro

DR. TONY PERES PhD.

CITI OF
BOOKS

CITIOFBOOKS, INC.
3736 Eubank NE Suite A1
Albuquerque, NM 87111-3579
www.citiofbooks.com
Hotline: 1 (877) 389-2759
Fax: 1 (505) 930-7244

Ordering Information:
Quantity sales. Special discounts are available on quantity purchases by corporations, associations, and others. For details, contact the publisher at the address above.

Printed in the United States of America.

ISBN-13:   Softcover   979-8-89391-136-7
              eBook   979-8-89391-137-4

Library of Congress Control Number: 2024910043

TABLE OF CONTENTS

AGRADECIMIENTOS

"Quien salva una vida salva el mundo entero". Cuando medito sobre esta inspiradora frase del Talmud hebreo, me siento especialmente agradecido por aquellos amigos que Di-s ha puesto en mi camino. Después de siete años aproximadamente de luchar contra el cáncer cerebral, la quimioterapia, la radiación y otros retos más, me siento profundamente en deuda con ellos. Quiero agradecer a todas aquellas personas por sus oraciones, su apoyo y sus consejos. A todos aquellos quienes, desinteresadamente, fueron más allá del llamado para ser testigos de la milagrosa intervención de Di-s durante esos tiempos de prueba. Además, es con gran convicción que declaro que ha sido únicamente Su gracia la que me ha sustentado para plasmar en letras este testimonio, el cual dedico a la sagrada memoria de las incontables víctimas y sus familias cuya batalla contra esta mortal enfermedad ha sido en vano. Que la paz de Di-s sea con todos ustedes.

Para comenzar, quiero agradecer a mi amada y preciosa esposa Carol quien, día y noche, a pesar de mi predecible situación, permaneció junto a mi cama enfrentando a la muerte una y otra vez. Su apoyo como ministra del Evangelio me mantuvo (y aún me mantiene) firme en mi fe durante esa horrible experiencia y mucho más. Juntos hemos determinado encarar el futuro y seguir adelante. A mi madre, Beatriz Sosa, a quien agradezco por todas sus plegarias y por ser una mujer de Di-s. Gracias por guiarme y por ser siempre una madre maravillosa. Actualmente soy estudiante con una doble especialización en Educación Especial y Enfermería de la Universidad Panamericana de Texas .

Al pastor Héctor y a Alma Rodríguez, gracias por su amistad y apoyo, pues sin ellos no se habría allanado el camino para escribir este libro. Al difunto reverendo Ron Bowen, al que conocí como un hombre de oración y quien se ha marchado para estar con el Señor, gracias por la oportunidad de sentarme y aprender bajo su liderazgo. Asimismo, quiero también agradecer a Bud y Esther Weisman por ayudarme en mi recuperación durante mi terapia física. Al reverendo Greg Thurstenson, gracias por toda su generosidad y cortesía al llevarme y traerme al MD Anderson durante mis tratamientos de quimioterapia. Gracias especiales al señor Bill Fickling y a su esposa por abrirme las puertas de su hogar y de sus corazones. A Alex Sanders, quien me ayudó con la introducción de este libro, gracias por mostrarme a Jesús no sólo con palabras sino a través del ejemplo. Además, agradezco también de manera especial al señor Clark Spike y a su esposa por su generosidad durante mis tratamientos. A Jim Deckock y a su esposa Linda, gracias por su apoyo incondicional. A todos los miembros de mi familia, gracias por sus oraciones, apoyo y ayuda. Agradezco también al doctor Jesús López por su amistad y amabilidad al transportarme al hospital. Por último, pero no menos importante, gracias a Rebeca Bontrager por dedicar incontables horas revisando, editando y brindándome su ayuda para armar mi historia. Gracias por tu servicio y amistad. En Belfast, Irlanda del Norte, gracias a aquellos en la iglesia CFC. En Klang, Malasia, gracias también a las personas de la Asamblea de Dios de *Glad Tidings*. A mis doctores, especialmente al doctor Curtis Maynard, gracias por su amistad y aliento durante mi recuperación y mis visitas regulares. Además, al doctor Reymond Sawaya, al doctor Alfred Yung y a las enfermeras Gloria Humphry y Yoli Pate del Centro Oncológico MD Anderson.

PRÓLOGO

¿ Qué es lo que nos viene a la mente cuando decimos nombres como Noé, Enoc o Lidia? Muchos de nosotros sabemos que son nombres de personajes del Antiguo o del Nuevo Testamento. Los conocemos gracias a sus historias maravillosas y, algunas veces, milagrosas. Qué emocionante es pensar en el joven David, hijo de Jesé, enfrentando al gigante Goliath. O el imaginarse a Gedeón tocando la trompeta y derrotando a los madianitas. ¿Y quién no hubiera deseado estar junto a María Magdalena mientras les decía a los discípulos que Jesús había resucitado de entre los muertos?

La Biblia está llena de historias maravillosas sobre personas reales pero, aunque esté completa, no así la lista de historias sobre personas reales que experimentaron los extraordinarios milagros de Di-s. Hoy en día todavía les suceden verdaderos milagros a personas reales, y Tony Peres es una de estas personas milagrosas. Ahora bien, los milagros no ocurren porque ganemos de alguna manera el favor de Di-s al ser especialmente buenos o santos. Es una verdad desafortunada que muchas personas piadosas no hayan experimentado el milagro físico de la sanación y así comprender el milagro espiritual de la vida eterna. No, los milagros ocurren porque encajan dentro del plan de Di-s para la vida de una persona. Es Él y sólo Él quien sabe lo que es mejor para cada uno de nosotros que lo buscamos. Di-s eligió tocar la vida y el cuerpo de Tony y, sorprendentemente, eligió hacerlo no sólo una, sino muchas veces. Él elige mantener a Tony en la tierra con nosotros por más tiempo para animarnos, desafiarnos e inspirarnos a mantener los ojos puestos en Jesús.

Quizás usted no conozca a Tony personalmente, pero puedo decirle que es un hombre como Noé, como el rey David o como Gideón. Es un hombre que desea vivir su vida para la gloria de Di-s. Al leer este libro, usted se dará cuenta de que, así como Tony eligió poner sus ojos en Jesús a través de esa desafiante prueba de vida, Di-s fue capaz de hablarle y alentarlo. Al igual que yo, usted también será bendecido cuando Di-s le hable a través de *Nueve vidas y sigo corriendo,* el maravilloso milagro moderno de Tony.

Bruce A. Sonnenberg
He Intends Victory
The Village Church of Irvine
5 Wrigley
Irvine, Ca 92618

PREFACIO

"Pero no pudiendo ocultarle por más tiempo (a Moisés), tomó una arquilla de juncos y la calafateó con asfalto y brea, y colocó en ella al niño y lo puso en un carrizal a la orilla del río".

Éxodo 2:3

Un cruel faraón intenta exterminar a la raza judía asesinando a todos los niños varones, pero Moisés escapa; escondido entre los juncos, el futuro libertador de su pueblo.

Herodes, sabiendo de la amenaza a su trono, decreta una masacre de todos los bebés varones menores de dos años, pero un ángel advierte a José del peligro y Jesús es trasladado a Egipto hasta que sea seguro para Él regresar.

Las tácticas de Satanás no han cambiado mucho en cuatro mil años, pues aún intenta robar, matar y destruir. Quiere desesperadamente destruir la vida de todo transformador potencial del mundo. Es decir, de todo aquel que quiera entregarse totalmente en devoción y servicio a Jesucristo. En otras palabras ¡USTED!

A pesar del clamor de la sangre de cinco mil bebés que se abortan por día en los Estados Unidos, me siento asombrado y agradecido por el cerco de protección que Di-s ha colocado alrededor de mi vida. No ha sido el destino. Tampoco ha sido una casualidad. Mientras lea mi historia, estaré orando para que usted se sienta alentado a confiar en la sabiduría de Di-s sin importar las pruebas y las tribulaciones que Él permita en su vida.

¡ALELUYA! ¡ÉL TIENE EL CONTROL!

INTRODUCCIÓN

Estábamos en el proceso de iniciar una revolución. Les pedí a todos que cerraran los ojos, inclinaran la cabeza y oraran conmigo en voz alta. De pie en un círculo y tomados de la mano, sentí que todo mi cuerpo temblaba por el temor de no saber con certeza si lo que estábamos haciendo era "legal" o no. En el centro de los terrenos de la escuela, frente a la biblioteca y a la vista de la oficina principal, nos erguimos como radicales modernos para expresar nuestras recién descubiertas convicciones. Haciendo un esfuerzo para calmar mi ansiedad, les pedí que oraran más fuerte mientras seguían mi ejemplo. Con los ojos fuertemente cerrados para tratar de repeler el miedo a la multitud que se formaba a nuestro alrededor, comencé a orar en lenguas. A lo lejos, pude escuchar a la gente murmurar lo que pensaba sobre la visible conmoción que presentábamos. Abrí mi ojo izquierdo, esperando que nadie estuviera mirando y que la multitud se dispersara pronto, pero mientras lo hacía, pude ver a lo lejos los ojos del director de la escuela local que estaba de pie, observándonos. Su rostro tenía una expresión de desdén y desaprobación. Instantáneamente, mi miedo se convirtió en regocijo… ahora sabía que nuestra causa estaba en camino de provocar una ola de cambio. Este fue el inicio de nuestra revolución para la proclamación de nuestra fe.

Esto nos llevó a comenzar un estudio bíblico semanal en el campus de una escuela preparatoria local. Nuestras reuniones atrajeron a jóvenes de todos los ámbitos. En cierto sentido, para desafiar la infame decisión de la Iglesia vs. Estado, nuestro club era todo excepto ordinario. De hecho, éramos la causa de muchos debates. Esto provocó que el superintendente del distrito escolar local se involucrara. Su decisión fue permitirnos mantener nuestras reuniones en los terrenos de la preparatoria, siempre y cuando respetáramos todas las reglas y regulaciones requeridas por los clubes sociales.

Fue durante una de nuestras reuniones cuando me presentaron a un atlético corredor que venía del "otro lado de las vías". Lo habían invitado para que viniera a visitar a estos cristianos radicales, quienes se reunían cada jueves por la mañana en el salón G-19 para expresar su fe en Cristo. Como muchos, vino para "checar" y ver lo que estos locos estaban haciendo. Afortunadamente, Di-s tenía otros planes para él y para los otros que "caían" por curiosidad. Muchos se fueron de ahí transformados por lo que Cristo había hecho en sus vidas.

Tony fue miembro del equipo de atletismo y un excelente corredor de fondo. Su vida giraba alrededor de ser el mejor en la pista. Se sentía vivo cuando participaba en los eventos de atletismo, los cuales eran su sueño, su pasión y su meta en la vida. El ganar en los eventos era su boleto para salir de la pobreza y el camino hacia las becas y la educación. Muchos reclutadores escolares fueron enviados para entrevistar su capacidad atlética, y a muchos les agradó lo que vieron. Le ofrecieron sueños grandiosos, buenas becas universitarias y una gran oportunidad de formar parte de los principales equipos universitarios de atletismo.

Fue durante este tiempo que la vida de Tony empezó a cambiar. Se acercó a mí un día y me preguntó sobre el discipulado. A medida que nuestra amistad crecía, llegamos a una resolución. Cada jueves, durante la hora del almuerzo, nos reuniríamos bajo el árbol junto a las canchas de tenis para un discipulado uno-a-uno. Y así fue durante un año completo. Tony y yo estudiábamos, orábamos y leíamos las escrituras en el calor de Texas, debajo del árbol en medio del jardín de la escuela. Fue aquí donde nuestras vidas dieron un giro en nuestro caminar con Cristo. Bajo este árbol Di-s comenzó una obra en nosotros y en nuestra amistad que ha superado crisis, luchas y muerte.

Pocos años después, Tony y yo tuvimos el privilegio de servir juntos en la ciudad de México. Esta enorme ciudad de veinticuatro millones de habitantes nos dio la posibilidad de plantar iglesias juntos, mientras trabajábamos en basureros que albergaban a personas desplazadas de América Central y del Sur. Era nuestra constante rutina el caminar en medio de la inmundicia, pero brindando consuelo a gente indigente, vagabundos sin rostro perdidos en una metrópolis superpoblada.

Con altos niveles de contaminación, el aire de la ciudad de México no era amable con nuestros pulmones. Después de trabajar y caminar todo el día, regresábamos y nos derrumbábamos en nuestra casa de un solo cuarto. A menudo, veía a Tony dormir por horas. Supuse que el cambio de altitud, el fastidioso transporte público de la ciudad y la comida poco saludable que ingeríamos tenían algo que ver con sus constantes dolores de cabeza y fatiga.

Después de servir en la ciudad de México por un tiempo, regresamos a Texas para recuperarnos antes de nuestra siguiente tarea. Nuestros cuerpos deben haber entrado en choque cuando comenzamos a respirar aire y a beber agua más limpios. Tosimos por semanas mientras nuestros pulmones se limpiaban an a sí mismos. Fue durante este tiempo cuando sucedió. Tony volvería a dormir por largas horas sin descansar realmente. A mitad de la noche, se despertó y fue trasladado de urgencia al hospital. Fue cuando dieron el diagnóstico. Tony tenía un tumor cerebral.

MOISÉS DEBATE CON EL PAPA

Hace un siglo o dos, el papa retó a la comunidad judía de Roma a un debate. Buscaron a su alrededor a alguien que estuviera dispuesto a defender su fe, pero nadie quiso ofrecerse como voluntario. Era demasiado arriesgado. Finalmente, escogieron a un anciano llamado Moishe, quien se había pasado la vida barriendo y limpiando lo que la gente dejaba tirado. Siendo viejo y pobre, tenía menos que perder, así que accedió. Solicitó únicamente que se hiciera una adición a las reglas del debate. Como no estaba acostumbrado a decir mucho, pidió que no se permitiera hablar a ninguna de las partes. El papa estuvo de acuerdo.

El día del gran debate llegó. Moishe y el papa se sentaron uno frente al otro durante un minuto antes de que el papa levantara la mano y mostrara tres dedos. Moishe lo miró y levantó un dedo. El papa agitó los dedos haciendo un círculo alrededor de su cabeza. Moishe señaló hacia el piso donde estaba sentado. El papa sacó una hostia y una copa de vino. Moishe sacó una manzana. El papa se levantó y dijo: "Me rindo. Este hombre es demasiado bueno. Los judíos ganan". Una hora más tarde, los cardenales rodearon al papa preguntándole qué había sucedido. El papa respondió: "Primero levanté tres dedos para representar La Trinidad. Él contestó levantando un

1

dedo para recordarme que era todavía un Di-s en común para ambas religiones. Entonces moví el dedo en círculos para mostrarle que Di-s estaba a nuestro alrededor. Él respondió señalando hacia el piso para mostrar que Di-s estaba justo aquí con nosotros. Saqué el vino y la hostia para mostrar que Di-s nos absuelve de nuestros pecados. Él sacó entonces una manzana para recordarme el pecado original. Él tenía una respuesta para todo. ¿Qué podía hacer?".

Mientras tanto, la comunidad judía se había congregado alrededor de Moishe, asombrados de que este anciano pusilánime, casi inepto, hubiera logrado lo que sus eruditos habían insistido era imposible. "—¿Qué pasó?" —le preguntaron. " —Bueno", —dijo Moishe— , "primero me dijo que los judíos tenían tres días para salir de aquí. Entonces le contesté que ninguno de nosotros se iría. Me dijo entonces que la ciudad entera quedaría libre de judíos. Le hice saber que nos quedaríamos justo aquí". "—¿Y entonces? —preguntó una mujer". —"No lo sé"—dijo Moishe, —él sacó su almuerzo y yo saqué el mío".

LA MANO DE LA PROVIDENCIA

"...y de Jehová el Señor es el librar de la muerte."

Salmo 68:20

Era 1971. Yo tenía apenas dos meses de edad. Mientras viajaba en los brazos de mi madre sobre la autopista 89 rumbo a San Francisco, un coche que se aproximaba salió de la nada, perdió el control y se estrelló contra nuestro vehículo. Por supuesto, siendo tan pequeño, no recuerdo nada del incidente, pero mi madre dice que fue "un milagro de Di-s" que no hubiera muerto aplastado. Ambos coches fueron pérdida total. Mi madre quedó inconsciente y yo, milagrosamente, terminé deslizándome bajo el volante en lugar de morir prensado. Fue increíble que saliera ileso. Ésta no sería la única vez que me enfrentaría a la muerte siendo un niño.

Más adelante en mi infancia, mi familia tomó unas largas vacaciones por el interior de México. Experimenté un gran choque cultural cuando nos detuvimos en un diminuto pueblito y nos enfrentamos con las limitadas instalaciones de un país de tercer mundo. Las cosas que había considerado previamente como necesidades básicas en la vida, agua potable para beber y lavar, sanitarios y servicios médicos, no se encontraban por

4

ninguna parte en ese pequeño pueblo olvidado de la mano de Di-s. Contraje algún tipo de cólera, probablemente debido a las condiciones insalubres, pero eventualmente me recuperé. Sin embargo, mis enfrentamientos con la muerte no habían terminado.

Mi siguiente encuentro con el ángel de la muerte sucedió cuando tenía alrededor de once años. Fue durante la fiesta de Pascua, cuando mi familia y yo disfrutábamos de la acostumbrada reunión con nuestros familiares en un parque ubicado cerca del Río Bravo. Era una tarde soleada; el agua lucía apetecible y las corrientes parecían tranquilas. Yo estaba intrigado de ver cómo algunos hombres mayores nadaban de un lado a otro del río. Por curiosidad, decidí también intentarlo. Sin embargo, cuando ya estaba en el agua, me encontré luchando contra corrientes que eran mucho más fuertes de lo que hubiera imaginado. Vencido por la fuerza del agua, comencé rápidamente a hundirme. Desesperado, grité por ayuda con lo último que me quedaba de aliento… y me hundí bajo el agua. En pocos minutos, alguien me sacó de la profundidad y comenzó a realizar RCP. Di-s me había perdonado una vez más. Sin embargo, en mi condición de no salvo, no pude ver la mano de Di-s. Pero ahora, como hijo de Di-s, sólo puedo estar agradecido de que Su bondad me impidiera ahogarme, salvándome así de la condenación eterna. Sin embargo, el enemigo no había terminado con sus intentos de quitarme la vida.

La cuarta vez que el Señor intervino y me salvó de morir fue durante las vacaciones de primavera de 1987, en un viaje que hice a la Isla del Padre con mis compañeros del equipo de campo traviesa. Una noche en particular, un amigo y yo decidimos dar un paseo en motocicleta para pasar el tiempo. Sin embargo, nos dimos cuenta demasiado tarde de que estábamos conduciendo sobre un camino que estaba en construcción. La rueda delantera golpeó el borde superior de la carretera, haciendo que la motocicleta derrapara incontrolablemente. Antes de que alguno de nosotros pudiera reaccionar, salimos disparados y caímos sobre el asfalto. ¡El impacto de mi cabeza contra el pavimento fue tan fuerte que partió el casco por la mitad! Aunque parezca sorprendente, las únicas lesiones que sufrí fueron algunas cortadas y moretones insignificantes, además de un ligero dolor de cabeza. Mi amigo tampoco sufrió ningún daño serio. Afortunadamente, aunque fuimos lanzados hacia el otro carril, ningún vehículo se aproximaba. Una vez más, me había librado de sufrir consecuencias graves. Fue sólo después que descubrí que poca gente sobrevive a accidentes de motocicleta como el que habíamos experimentado, y mucho menos salir sin lesiones graves. Sin duda, Di-s había sido misericordioso.

La Mano de la Providencia estaba sobre mí.

SE HACEN CAMPEONES

"**É**l ha hecho todo hermoso en su tiempo. Además, ha puesto la eternidad en sus corazones."

-Eclesiastés 3:11

A medida que crecí y reflexioné más sobre la vida en general, encontré que mi mente vagaba por estos incidentes. Comencé a considerar por qué no había muerto en ninguna de estas situaciones. Si bien cualquiera podría tener un "día de suerte" y salir ileso de una situación potencialmente peligrosa, yo había sobrevivido a varios incidentes, cualquiera de los cuales podría (en realidad, debería haberme) quitado la vida. No podía escapar de una persistente sospecha de que estos incidentes significaban algo, pero al haberme criado en un ambiente no cristiano, no tenía ni idea de qué podría ser ese "algo". La idea de que la respuesta era Alguien en lugar de algo nunca cruzó por mi mente. , y mucho menos la idea de que ese "Alguien" pueda tener un "futuro y una esperanza" especialmente para mí.

El pensamiento de Dios y la religión siempre me había desanimado, pero tenía muchas preguntas que se negaban a desaparecer. Por mucho que hubiera preferido no hacerlo, me encontré pensando en ellos. ¿Qué haría falta para llegar

8

al cielo? ¿De dónde vengo? ¿Qué estaba haciendo aquí en la tierra? No me había sentido satisfecho con seguir las tradiciones vacías del catolicismo practicadas por mi cultura; me dejaron desconcertado y vacío. ¿Qué sentido tiene realizar rituales espirituales elaborados si sólo te dejaban espiritualmente muerto? A mí me parecía tener un coche rápido y bonito, pero sin gasolina para funcionar.

En su libro "Eternidad en sus corazones", el autor Don Richardson nos dice que Dios ha puesto un sentido de eternidad en todas las personas. Yo no fui la excepción. Crecí en el barrio y cuando estaba en la escuela secundaria, había estado expuesto a casi todo lo que hay que saber sobre las drogas y el crimen. Nunca imaginé que algunos de los amigos con los que crecí terminarían cumpliendo cadena perpetua por asesinato; pero, de alguna manera, tenía un profundo deseo de tratar de darle sentido a la vida sin sentido de odio e ilegalidad que me rodeaba en el barrio. Esta búsqueda de significado me llevó a un intento desesperado de encontrar una salida del barrio. Siendo algo atlético, pensé que los deportes serían una buena vía para salir de una vida dura. En 1983 me uní a los equipos de cross country y de atletismo de mi escuela, dos deportes que me parecían extrañamente apropiados, dada mi experiencia. Ahora, en lugar de huir de la policía como estaba acostumbrado a hacer. Estaba corriendo sin que nadie me persiguiera excepto los otros niños del equipo de atletismo. Pensé que si también podría postularme para mi escuela y obtener algún reconocimiento por ello.

Pero rápidamente descubrí que hay una gran diferencia entre un sprint corto a través de un callejón y saltando una valla y una carrera a campo traviesa. Mis primeros años corriendo en la escuela secundaria fueron años de arduo trabajo aprendiendo perseverancia, determinación y, lo más importante, cómo sufrir la derrota. No gané ni una carrera en esos dos años. (¡Tanto para obtener reconocimiento!) Como resultado, ¡lo más grande que aprendí fue el arte de la humildad! No nací siendo un corredor talentoso, pero estaba decidido a seguir adelante y terminar.

Durante casi el resto de mis años en la escuela secundaria, el deporte de correr (más una breve incursión en la religión de culto del mormonismo, hablaré de eso más adelante) se convirtió en mi religión. Aunque mi entrenador me animó a unirme al fútbol en lugar del campo a través porque no estaba en buena forma física (¡imagínate!), en mi corazón sabía que a través de determinación, una actitud positiva, largas horas de ejercicio y una dieta nutritiva, podría convertirme en un corredor competente.

"Sé un campeón en la práctica; ahí es donde se hacen los campeones". Este lema me inspiró durante mis años como corredor. Algunas personas piensan que el éxito se consigue fácilmente corriendo; Sin embargo, nada podría estar más lejos de la verdad. En las carreras de fondo, como en cualquier otro deporte, los campeones no "nacen"; se hacen a través de horas de práctica agotadora.

Y hubo literalmente horas de práctica. A pesar del desánimo de mi entrenador, creía en mi corazón que podía triunfar. La creencia se convirtió en determinación y la determinación dio paso a la obsesión. Sí, estaba obsesionado; y nada podría impedirme alcanzar mi objetivo. Como mi entrenador no creía en mí, tuve que crear un programa eficaz para entrenarme. El entrenamiento fue a menudo difícil y muchas veces solitario; pero había adoptado la actitud de un automotivador. Esta "religión" de superación personal, expresada para mí a través de kilómetro tras kilómetro de carrera. llenó un lugar vacío dentro de mí; y lo perseguí con todo mi corazón. Seguí esforzándome y finalmente llegué al punto en que corría una distancia promedio de cuarenta millas por semana. Además de esto, practicaba natación aeróbica varios días a la semana como forma de acondicionamiento cardiovascular. Esto también masajeó mis músculos y me ayudó a relajarlos después de los rigurosos entrenamientos que realicé.

No me di descanso. Incluso durante la temporada baja y las vacaciones, seguí practicando. Durante las vacaciones de Navidad mantuve un horario especial, tanto por la mañana como por la tarde. Me obligué a despertarme a las 5:30 a.m., lloviera o hiciera sol, hiciera frío o calor, y correr seis millas. Por la noche, mi entrenamiento incluía una combinación de repeticiones de kilómetros y fartlek (este tipo de entrenamiento consiste en un equilibrio entre la distancia de velocidad y la distancia de carrera. Por ejemplo, si corres 100 metros, contrarresta con 100 metros de carrera. Si corres 200 metros que los 200 metros que corres corriendo: el entrenamiento tiende a durar entre treinta y cuarenta y cinco minutos), y carreras de distancia rápidas. Durante los veranos de 1985 a 1989, participé en el Programa Olímpico Juvenil de Estados Unidos. Estaba decidido a mejorar mi tiempo personal y tomé todos los caminos que pude encontrar para ahorrar unos segundos donde pudiera. Incluso complementé mi acondicionamiento de carrera con entrenamiento con pesas; pero sólo fuera de temporada, para evitar lesiones que me dejarían fuera de competición. Quizás mi entrenador no creía en mí, pero al menos yo había llegado a creer en mí mismo. Si no ganaba una carrera, estaba decidido a que no sería por falta de resistencia o músculos fuera de forma. Saber la fortaleza que había desarrollado me dio confianza al regresar a las sesiones regulares de práctica escolar.

Además del entrenamiento físico, mis hábitos alimenticios jugaron un papel importante en mi éxito como atleta. Aprendí a comer alimentos ricos en carbohidratos, que no sólo aumentaron la energía de mi cuerpo, sino que también ayudaron a mi metabolismo. A menudo me obligaba a comer grandes cantidades de lasaña y espaguetis. Evité las bebidas que contenían cafeína y otras sustancias químicas irritantes que pueden causar dolores de cabeza, presión arterial alta y una serie de otras complicaciones cuando se usan en exceso. "¿Por qué no limitarse a la leche?" Me aseguré que, después de todo, promete "¡hacer bien al cuerpo!". Bebí mucha agua embotellada, jugo y leche. El alcohol, los cigarrillos y las drogas ilícitas estaban completamente fuera de discusión; Necesitaba que mis pulmones (así como el resto de mi cuerpo) estuvieran en óptimas condiciones si quería poder desempeñarme bien. Este "descubrimiento" del poder de los buenos hábitos alimentarios influiría mucho en mí más adelante en la vida, mientras atravesaba los rigores de la quimioterapia.

La preparación mental fue un ingrediente igualmente importante en mi entrenamiento. Constantemente me decía a mí mismo que la práctica adicional me daría una ventaja sobre mis competidores. Encontré una sensación de libertad que no podía encontrar en ningún otro lugar cuando corría. No hay nada como la descarga de adrenalina que recorre tu cuerpo. Me encantó, con la piel de gallina y todo. Había una simplicidad al correr. En la pista no tenía que depender de nadie más que de mí. Sólo tenía que ser fuerte, trabajar duro y esforzarme por alcanzar la excelencia. Podría bloquear el mundo que me rodea y concentrarme. Correr y las disciplinas involucradas en él me dieron una estructura en la que podía analizar las cosas que suceden en mi vida, darle sentido a mis problemas y superar (eso pensaba) cualquier obstáculo.

Todavía recuerdo el día que me encontré en la línea de salida del Texas

Encuentro de campo traviesa de la Liga Interescolar Universitaria y de Escuelas Secundarias Estatales. Recuerdo estar orgulloso del trabajo que me había traído allí. Reflexioné sobre el arduo trabajo físico que había realizado para llegar allí. Las horas de práctica. Los innumerables kilómetros. Tontamente, sentí que podía hacer cualquier cosa. Mirando hacia atrás hoy en todo lo que Dios me permitió hacer, creo con todo mi corazón que Él usó esas mismas disciplinas que aprendí en la pista de práctica para prepararme, física y mentalmente, para la prueba de fuego que solo Él sabía que me esperaba. . Él realmente conoce los planes que tiene para nosotros. Él nunca permite que una situación entre en nuestras vidas sin darnos exactamente lo que necesitamos para superarla en completa victoria.

Ya que estamos hablando de orgullo tonto, admitiré que, cuando terminé la escuela secundaria, me sentí muy orgulloso de demostrar que al final mi ex entrenador estaba equivocado. Cuando me gradué de la escuela secundaria, me había ganado la oportunidad de competir en una competencia de cross country de los Juegos Olímpicos Nacionales Juveniles y dos competencias de cross country de la Escuela Secundaria Estatal de Texas, donde llegué a la ronda final ambos años. No sólo eso, sino que recibí no una, sino cuatro becas completas de varias universidades del país. A veces el éxito no llega de la noche a la mañana, pero cuando llegó, ¡seguro que fue dulce! Obviamente tenía mucho camino por recorrer para desarrollar la humildad, pero no había dejado que él me detuviera.

EN EL CAMINO A DAMASCO

"Ycuando todos habíamos caído en tierra, oí una voz que me hablaba en lengua hebrea: Saulo, Saulo, ¿por qué me persigues?" Entonces dije: ¿Quién eres, Señor? Yo soy Jesús, a quien vosotros perseguís. Pero levántate y ponte de pie, porque para esto me he aparecido a ti... para hacerte ministro y testigo de las cosas que has visto y de las que te revelaré.

-Hechos 26:12

En el otoño de 1988, acababa de terminar de competir en la U.I.L. de Texas. 5-Una reunión estatal de cross country de escuelas secundarias en Austin, Texas. No sabía que mi vida estaba a punto de cambiar para siempre. Hasta este punto, mis años de escuela secundaria habían estado tan llenos de correr, competir, estudiar y luego descansar de todo lo anterior que casi nunca me tomaba tiempo para ninguna de las cosas habituales de "salir" que muchos de mis estudiantes de secundaria los amigos de la escuela disfrutaron. El tiempo libre del fin de semana estaba fuera de mi alcance; Los sábados eran días de competición y los domingos se dedicaban a ponerse al día con los deberes, estudiar para los exámenes o simplemente descansar. En cualquier caso, siempre tuve una excusa (¡y buena!) para evitar actividades que no me atraían.

Una de esas actividades fue el estudio bíblico de los estudiantes de Mission High School. Sin embargo, no había contado con la perseverancia de un tal Alex Sanders, un compañero de estudios y cristiano comprometido. Me sorprendió la perseverancia, la amabilidad y la pasión de Alex, aunque realmente no tenía idea de qué lo entusiasmaba tanto con este estudio bíblico. Sus numerosas invitaciones se encontraron con mis promesas poco entusiastas de asistir "pronto, cuando termine la temporada de cross-country", que olvidé tan pronto como colgué el teléfono. Pero aunque yo estaba dispuesta a olvidar, Alex no. Finalmente llegué a la conclusión de que el "niño predicador" no me dejaría descansar hasta que me viera cruzar las puertas del estudio bíblico los jueves por la mañana.

Aunque las probabilidades estaban en contra de que desarrolláramos una amistad, de alguna manera sucedió. Percibía a Alex como una persona del tipo yuppie de clase media, con una cultura y una visión del mundo muy alejadas de mi dura educación de barrio. Sospechaba de sus motivos para hacerse amigo de mí. Ahora sé que fue su compromiso orar por mí.

que rompió las barreras entre nosotros. Pero lo hizo, lo que nos permitió a Alex y a mí establecer una amistad suficiente para que yo estuviera dispuesto a pasar algún tiempo con él. Supongo que por eso no me pareció extraño que Alex me invitara a dormir en su casa... un miércoles por la noche. ¡Hablamos de evangelismo estratégico! Antes de darme cuenta, la "trampa" había surgido. Cuando me di cuenta de lo que estaba pasando, no había manera de que pudiera echarme atrás. A la mañana siguiente, su padre nos llevó a la escuela, ¡y al estudio bíblico del jueves por la mañana!

Durante toda la reunión hubo cantos, aplausos, gritos y un mensaje dado de la Biblia; todo ello sin interferencia alguna por parte de la administración de la escuela. Al principio pensé: "¿Quiénes son estas personas y qué están promoviendo exactamente?". Me pregunté si eran reales o si se trataba simplemente de una fachada bien construida que estaban poniendo para mi beneficio. Sin embargo, incluso mientras las preguntas y dudas rondaban por mi mente, no podía escapar de la sensación de que había algo diferente, algo más profundo sucediendo en las vidas de estos estudiantes. Noté que había jóvenes de diferentes orígenes, diferentes niveles económicos. , varias partes de la ciudad y todos los ámbitos de la vida, y estaban aquí juntos. De hecho, parecían aceptarse mutuamente. Estaban llenos de paz, alegría y algo más que no podía identificar. Ahora sé que fue Jesús y el amor que surge de conocerlo, simple y llanamente. No reconocí ese amor, porque nunca antes había conocido un amor así. Pero aunque no tenía palabras para describir lo que vi que todos tenían, al final de la reunión supe que lo quería, fuera lo que fuera. Descubrí que "eso" era en realidad "Él". Cuando se hizo el llamado para que dieran un paso adelante aquellos que deseaban entregar sus vidas a Cristo Jesús, yo fui y le entregué mi vida, mis sueños, mi reputación y mi alma.

En las semanas siguientes, mi compromiso con Jesús creció, Dios y Su Espíritu Santo aún no terminaban de presentarse ante mí. Sentí que había más, mucho más, en mi nuevo caminar con Cristo, pero no estaba seguro de qué era ese "más". A medida que las semanas se convirtieron en meses, quedó claro que el Gran Médico tenía que realizar muchas "cirugías espirituales" en mi propio espíritu. Se necesitaría el ministerio del Espíritu Santo para otorgar Su consuelo y convicción en las áreas de mi vida que necesitaban sanidad y limpieza.

Con el tiempo, este conocimiento me llevó a buscar la llenura del Espíritu Santo. Oré para recibir el Espíritu Santo, tal como lo había leído en el Libro de los Hechos.

Sorprendentemente, recibí una doble porción de Su gracia y misericordia, y mientras lo hacía, escuché las palabras "Cualquiera que se avergüence de mí y de mis palabras delante de los hombres, el Hijo del hombre se avergonzará de él cuando venga en su gloria" (Lucas 8:38). Supe en ese momento que Dios me estaba llamando al ministerio como misionero. Aunque recién me había graduado de la escuela secundaria, no perdí tiempo en hacer los preparativos necesarios para ingresar al ministerio. Pero tan pronto como decidí seguir y obedecer, surgieron obstáculos que obstaculizaron mis planes.

La primera cuestión que surgió fue académica. Me había comprometido a asistir a cierta universidad con una beca deportiva completa y tenía previsto comenzar la universidad el próximo otoño. Estaba convencido de que era la voluntad del Señor que renunciara a la beca. Creí que Él quería que comenzara mi capacitación ministerial de inmediato y que lo hiciera a tiempo completo. Para mi sorpresa, no sólo mi familia sino también muchos en mi propia congregación criticaron mi deseo de hacer esto. De hecho, incluso hubo algunos en mi iglesia que me señalaron con el dedo en la cara y me dijeron que era una tontería renunciar a una educación gratuita. Me dijeron que me habían dado una oportunidad única en la vida de alcanzar el sueño americano y me acusaron de haberlo desperdiciado todo tontamente.

No estaba seguro de si tenían razón o no. Pero estaba seguro de que Jesús había dicho que usaría las tonterías del mundo para confundir a los sabios. Estaba convencido en mi corazón de una cosa: Dios me había llamado a servirle en la predicación del Evangelio. Si servirle significaba que él quería que yo renunciara a una educación gratuita, sabía que el Señor tenía una razón válida.

El segundo obstáculo vino en la forma de mi madre. Ella se negó a dar su bendición a mi plan de asistir a un programa de discipulado de Jóvenes con una Misión en Tyler, Texas, en lugar de comenzar la universidad. Estaba convencido de que el programa de JUCUM era parte del plan de Dios para mí, pero sentí que estaría mal ir en contra del mandato directo de una de las principales autoridades que Dios había puesto en mi vida: mi madre. ¡Fue aquí donde aprendí una valiosa lección sobre la sumisión del poder y la oración!

Aunque las cosas parecían desesperadas en cuanto a que mamá alguna vez cambiara de opinión, seguí orando por la situación. Sentí que se suponía que debía continuar preparándome tranquilamente para la escuela de JUCUM, solicité y fui aceptado en su Programa de Entrenamiento de Discipulado. Durante el verano tuve dos trabajos de tiempo completo, uno en McDonalds y el otro en un club de niños y niñas local. En mis días libres, también hacía trabajos ocasionales. Al final del verano, había recaudado suficiente dinero para pagar la matrícula completa del programa de JUCUM. Tenía las ganas, el llamado y el dinero; pero todavía no tenía el permiso de mi madre para ir.

Durante todo este tiempo, le supliqué al Señor que se moviera en el corazón de mi madre. Sabía que no podía ir sin su permiso y su bendición. La biblia dice en Proverbios 21:1 que el corazón del rey está en las manos de Dios. Evidentemente el corazón de mamá también está en Su mano. Después de tres largos meses. Él respondió a mi oración y mi mamá me dio su bendición. ¡Gracias Jesús! ¡Dios abrió un camino!

misionero A mi llegada a la sede de Juventud Con Una Misión en Lindale, Texas, mis emociones estaban a flor de piel. Nunca imaginé que encontraría una escuela en medio de la nada y mucho menos en un rancho. Sin embargo, incluso en medio de la tierra árida pude sentir la presencia y la paz de Dios en ese lugar. Durante los siguientes seis meses, me encontraría en el torno del alfarero, mi carácter y mi relación con Jesús fueron moldeados y moldeados por Dios y sus diversas "herramientas". Más que habilidades externas que aprender, también había mucha curación interior qué hacer. Tuve que lidiar con mucha falta de perdón mientras continuaba mi crecimiento en el Señor. Descubrí que las enseñanzas sobre el Corazón de Dios del Padre eran algunas de las más cruciales, y de hecho cambiaron todo mi concepto de Dios como mi Padre Celestial. La Biblia enseña en el Salmo 27:10 "Cuando mi padre y mi madre me abandonen, entonces el Señor cuidará de mí". Habiendo sido criado sin una figura paterna, el concepto de Dios como padre era incomprensible. Sin embargo, sabía que para madurar en los caminos de Dios, mi pasado no podía tener un efecto negativo en mi caminar presente y futuro con mi Padre Celestial. Para poder confiar, amar y servir a Dios, mi devoción a él tendría que ser de manos limpias y corazón puro. En esencia, mi tiempo devocional con él fue una respuesta directa a mi concepto de Dios. El anhelo del Espíritu Santo era fuerte y obraba en mi vida y sabía que podía venir y descansar bajo la sombra de sus alas.

Mientras continuaba confiando en Dios al apreciar su carácter, me di cuenta de que nada bueno me haría ganar su favor, sino la seguridad y la confianza para confiar más en él. Elegí apoyarme únicamente en Isaías 55:8 Sus pensamientos no son mis pensamientos ni sus caminos mis caminos.

Sólo podía imaginar venir a la cruz y morir a mí mismo para poder ser purificado por su sangre. Dios estaba más interesado en la condición de mi corazón que en cualquier ritual o teología. Durante esos preciosos meses en JUCUM, aprendí lo que significaba ser atraído por el Espíritu Santo a tiempos de oración, ayuno y lectura de Su palabra. Comencé a ver cómo las disciplinas que había desarrollado durante mis años de carrera ahora podrían ser beneficiosas en el reino de Dios. Experimenté momentos de risa, llanto, confusión, dolor, aislamiento y revelación. Durante mi tiempo en la Escuela de Entrenamiento de Discipulado aprendí varias lecciones valiosas que nadie jamás podrá quitarme, verdades que guían mi caminar con el Señor hasta el día de hoy. En febrero de 1990 completé el programa. Una persona transformada, volví a Mission, Texas, con planes de ingresar al programa de pasantías ministeriales "Last Days Harvesters" en mi iglesia local. Ese marzo entré al programa como misionero interno. Sabía que habría mucho que aprender sobre las personas, el servicio y el carácter. Como personal interno misionero, tuve que aprender a servir. Algunas de las tareas que ayudaron en esto.

educación estaban haciendo recados, pintando paredes y limpiando baños! En mi corazón, Estaba emocionado de hacer cualquier cosa si fuera por Jesús.

Durante los meses de verano estuve a cargo de la preparación de alimentos para los grupos de jóvenes que se quedaron en nuestra iglesia durante las misiones de corto plazo en México. El trabajo fue enorme, pero valió la pena al ver a los perdidos en México venir a Jesús, y ver las vidas de los jóvenes siendo desafiadas y su fe profundizada mientras servían de esta manera.

Ese invierno se me permitió servir como colíder de un grupo de jóvenes en un viaje misionero a Barcelona, España, donde ayudamos a algunos plantadores de iglesias locales a evangelizar su territorio. El verano siguiente estuve en la Ciudad de México, México, a donde más tarde regresaría para servir con un misionero de carrera que anteriormente estaba destinado allí. Mientras cumplía esta asignación, pude pastorear a algunos de los jóvenes de esa ciudad y también ayudar al misionero en sus esfuerzos de plantación de iglesias. Al regresar de México, el Señor me permitió ir a Singapur y Malasia a trabajar con otros jóvenes. Mi corazón se conmovía por los muchos pueblos del mundo que aún no habían escuchado las buenas nuevas de Jesucristo; Deseaba traerlos al reino de Dios, cueste lo que cueste, y mi objetivo era aprender todo lo que pudiera del programa de pasantías para poder cumplir ese deseo.

Uno de los pasos que sentí que el Señor me estaba guiando a dar fue continuar mis estudios bíblicos a través del programa por correspondencia proporcionado por mi iglesia y obtener credenciales ministeriales. Al principio, me sentí incómodo al regresar a la escuela bíblica después de tanto trabajo práctico en el campo. Completé varios cursos y pude recibir mi licencia de trabajador cristiano. Otros dos años de estudio me permitieron cumplir con los requisitos para obtener una licencia completa para ministrar. El estudio y la preparación continuaron, y mi objetivo de ordenación total se cumplió el 18 de abril de 1996.

SORPRENDIDO POR EL CÁNCER

"**E**stas cosas os he hablado para que en mí tengáis paz. En el mundo tendréis tribulación; pero confiad, porque yo he vencido al mundo".

-Juan 16:33

Ciertamente puedo identificarme con estas palabras dichas por Jesucristo en el Evangelio de Juan. La palabra "tribulación" se define como angustia, carga y problema. Mi tribulación llegó en forma de una batalla completamente inesperada contra el cáncer.

En enero de 1992, me llevaron de urgencia al Centro Médico de McAllen con un dolor increíble en la cabeza. Fui ingresado de inmediato y en 3 horas recibí el diagnóstico que cambiaría mi vida. El médico me dijo que tenía un astrocitoma, un tumor cerebral. En el shock del momento, no tenía idea de las implicaciones de este diagnóstico.

Sorprendentemente, incluso en medio de esa horrible situación, experimenté una inmediata y profunda paz interior. Tuve la seguridad del Espíritu Santo de que todo estaba en las manos de Dios. Cuando se pronunció el diagnóstico "es un tumor cerebral", inmediatamente el Espíritu Santo me dijo

"Tony todo va a estar bien, no te preocupes". Al darme cuenta de que la palabra "temor" transmite evidencia falsa que parece real, simplemente permití que el Espíritu Santo me consolara con la paz de Dios que sobrepasa todo entendimiento.

En unos breves momentos me familiaricé más con los detalles de los tumores de astrocitoma de lo que jamás pensé que estaría. Aprendí que generalmente se encuentran alrededor del cerebro o de la columna vertebral y que pueden ser benignos o malignos. En mi caso, mi tumor se había incrustado en mi cerebro. Era maligno, lo que significaba que se esperaba que se propagara; empeorando progresivamente y poniendo en peligro la vida. Hubo que realizar una operación de urgencia. Duró más de ocho horas.

Después de una cirugía de nueve horas, recuerdo haber escuchado las voces del equipo médico camino al centro de resonancia magnética. Cuando me colocaron en la cama del conductor, sentí que los efectos de la anestesia estaban desapareciendo. Sintiendo una sensación de desesperación y nerviosismo, me pregunté qué sería lo siguiente para mí. Me sentí claustrofóbico dentro del túnel de resonancia magnética. Si me atrevía a moverme un centímetro, tendría que hacer toda la prueba desde el principio. Después de ese examen, me llevaron a la unidad de cuidados intensivos. Fue aquí donde pasaría los siguientes veintiún días luchando por mi vida. Desde el comienzo de mi estancia en la unidad de cuidados intensivos, experimenté

complicaciones graves. Después de una cirugía cerebral, los pacientes corren el riesgo de sufrir convulsiones como resultado de que el cerebro entre en shock. En mi caso, eso fue exactamente lo que pasó. Comencé a experimentar convulsiones graves e impredecibles. Me vi obligado a pasar largas horas con la boca seca, porque a mis médicos les preocupaba que el líquido subiera al cerebro y produjera complicaciones aún más graves. Así que sólo me permitieron hielo picado en pequeñas porciones. En otras ocasiones, me resultaba increíblemente difícil respirar, como si mi cerebro de alguna manera hubiera olvidado cómo hacerlo. A veces, la combinación de las convulsiones y la incapacidad para respirar me hacía sentir como si fuera a morir.

Sin que yo lo supiera, mi condición empeoraba constantemente. A mi familia, mi prometida y mi pastor les dijeron que probablemente no sobreviviría. El médico sugirió que probablemente sería prudente empezar a considerar los arreglos funerarios. La mejor esperanza que ofrecieron a mis seres queridos fue que, si sobrevivía, lo más probable es que terminara en estado vegetativo por el resto de mi vida.

Naturalmente, no sabía nada de esto. Para mí, lo peor fue que a menudo me sentía totalmente sola. Mientras yacía allí, no pude evitar pensar en las batallas contra el cáncer que todavía tendría que enfrentar si sobrevivía a la cirugía. Los comparé con todos los planes que había hecho para el ministerio. Por más que lo intenté, no pude encontrar respuestas. Sólo pude poner mi vida a los pies de Jesús. Nada más que mi esperanza en Él era segura; Él era lo único a lo que podía aferrarme.

Y, afortunadamente, Jesús todavía tenía el control de toda la situación.

GUERRA ESPIRITUAL

"**P**orque aunque andamos en la carne, no militamos como los peces. Porque las armas de nuestra guerra no son carnales sino poderosas en Dios para derribar fortalezas".

-2 Corintios 10:3-4

"Muchas son las aflicciones del justo, pero de todas ellas el Señor lo libra.

-Salmo 34:19

Una noche, mientras se permitía la visita de mi prometida, sucedió algo increíble. Me doy cuenta de que la conversación que estoy a punto de contarles les parecerá una tontería a aquellos que no aceptan el ministerio actual del Espíritu Santo y, por lo tanto, no creen en sanidades, liberaciones o milagros. Quizás mi experiencia le permita reconsiderar su posición. Mi prometida estaba sentada junto a mi cama, orando en silencio por mí. El espíritu santo

Milagrosamente me desperté de un sueño inducido por medicamentos. Me desperté preguntándole a Caml llamar a los pastores en la iglesia. Ella debía decirles que, de alguna manera, la iglesia Los miembros estaban orando mal.

Asombrada, Carol respondió: "¿Estás segura de que sabes de lo que estás hablando?" "Sí", respondí. "Es necesario decirle a la iglesia y al personal del ministerio que oren y aten contra un espíritu sordo y mudo".

Cuando dije la última palabra, me quedé dormido instantáneamente. Carol apenas podía creer lo que acababa de oír. En su mente, pensó que probablemente era el resultado de todos los libros que había leído sobre curación de autores como Kathryn Kuhlman, T.L. Osborn, A. B. Simpson, John G. Lake y John Wimber. Aun así, había algo en la conversación que simplemente no podía ignorar. Ella fue a su casa e inmediatamente se comunicó con el pastor y le contó el incidente.

A menudo me pregunto cuántos cristianos realmente dan seguimiento a su compromiso de orar después de recibir una petición de oración de alguien. En este caso, el pastor y el personal podrían haber ignorado la extraña petición de Carol. En cambio, se convocó una vigilia de oración para esa noche. El personal pastoral, armado con instrucciones específicas desde lo alto. Me comprometí a orar toda la noche por mi liberación de un espíritu sordo y mudo, atándolo en el Nombre de Jesús. Fue su guerra espiritual, librada durante toda esa larga noche, la que me liberó de las convulsiones incontrolables que estaba teniendo y de la posibilidad de sufrir daño cerebral.

Tan pronto como ganábamos una batalla, otra coronaba el horizonte. Muchos años antes de venir a Cristo, había hecho una breve incursión en la religión de culto del mormonismo. Ahora, volvió para atormentarme. No me di cuenta en ese momento, pero esta decisión había permitido que el enemigo de mi alma se afianzara en la vida. mi Dado que algunos cristianos ignoran la realidad de la guerra espiritual, intentaré transmitir lo que sucedió durante esa vigilia de oración. Me doy cuenta de que esto puede parecer algo extraño, pero no deja de ser cierto.

Mientras el personal de la iglesia oraba esa noche, sus oraciones llegaron al cielo. Tenían la intención de ganar esta batalla, pero no tenían idea de que al revolver el nido del diablo, primero verían intensificada la guerra espiritual. Los informes que el personal compartió más tarde sonaban como escenas que podrían haber sido eliminadas de la película "El Resplandor" por ser demasiado extrañas para creerlas. Pero esta no fue una sesión de efectos especiales de Hollywood; de hecho, fue una cuestión de vida o muerte. Mientras los pastores oraban esa noche, las puertas de toda la iglesia se abrieron y se cerraron de golpe por sí solas. En algunas oficinas de la iglesia, libros y otros objetos volaron por la sala.

En el reino de los espíritus, uno de los miembros del personal vio a un demonio flotando sobre mi cama tratando de matarme. Era el demonio que les habían dicho que ataran y expulsaran, el espíritu sordo y mudo. El personal centró sus oraciones contra el espíritu maligno. Luego, otro miembro del personal recibió una visión y vio el rostro de uno de los líderes del movimiento mormón. Aunque estos guerreros de oración no tenían idea de mi relación previa con los mormones, el Señor les mostró que ellos también necesitaban tomar autoridad sobre esa área.

El Espíritu Santo se movió profundamente en esta batalla de oración. Finalmente, su unción quebró la espalda de Satanás y su cohorte. La estrategia del Espíritu Santo de orar y atar a un espíritu sordomudo fue efectiva. Mi condición comenzó a mejorar esa misma mañana. A la mañana siguiente de la batalla de oración que duró toda la noche, comencé mi recuperación. Es cierto que fue una recuperación que requeriría mucha paciencia, trabajo y fisioterapia, pero, en primer lugar, nunca debería haber ocurrido si uno se atiene a la opinión original de los médicos.

Jesús había cumplido su promesa desde el primer día, cuando me dijo que no había nada que temer porque Él tenía el control. La paz de Dios que sobrepasa todo entendimiento había mantenido en paz mi corazón, sabiendo que era la batalla del Señor no el mío. ¡Fue Su batalla, Su sangre, Su poder y Su autoridad lo que me liberó! ¡Verdaderamente libres! Cuando me dieron de alta del hospital, supe que seguramente seguirán tratamientos y terapia en los próximos meses. Carol y yo estábamos comprometidos casi al mismo tiempo que me diagnosticaron cáncer y tuvimos que posponer nuestros planes de boda durante aproximadamente un año. A medida que pasó el año, continué mi recuperación mientras Carol se concentraba en nuestros planes futuros. Además, permanecí aislado del ministerio de tiempo completo como resultado de tener que soportar tratamientos de radiación, sin mencionar la fisioterapia, ya que estaba paralizado del lado izquierdo. En esencia, mantuve mi enfoque en la palabra de Dios y en la oración buscando su guía. Después de que todo se calmó, Carol y yo habíamos fijado oficialmente una fecha para nuestra boda. El 5 de diciembre de 1992 nos casamos en nuestra iglesia local con familiares y amigos.

JEHOVÁ JIREH

Tres meses después de mi cirugía, comencé un tratamiento de seis semanas de radioterapia diseñado para matar cualquier célula cancerosa que quedara en mi cerebro. Me parecía vergonzoso salir en público. La gente no podía evitar mirar mi cabeza calva y mi cuero cabelludo lleno de cicatrices. "Bueno", me dije, "es sólo parte del precio que tengo que pagar para asegurarme de que el cáncer no regrese". Ojalá hubiera tenido razón.

Tan solo un año después, en septiembre de 1993, me diagnosticaron una recurrencia del tumor. Fue un golpe enorme y me dejó una sensación insoportable de desesperación. No sólo mi salud era una preocupación, sino que a estas alturas la devastadora realidad de la carga financiera que mi enfermedad estaba creando era ineludible. Mi único pensamiento fue que esta era otra oportunidad para confiar plenamente en Dios. Como lo describió Pablo en 2 Corintios 1:9 "Tuve sentencia de muerte, que no confiara en mí mismo, sino en Dios que resucita a los muertos". Un mes antes de mi diagnóstico inicial de cáncer, mi seguro médico había expirado. Sin saber lo que vendría, no tuve prisa en contactar con mi agente para renovarlo. Pero ahora mis facturas médicas se estaban acumulando y la pila crecía día a día.

Solo los gastos de mi primera cirugía, estancia en el hospital y radioterapia habían alcanzado un total de 65.000 dólares. La cirugía y la terapia me habían debilitado hasta el punto de estar confinado a reposo en cama las 24 horas, completamente incapaz de trabajar. Me sentí inútil y desesperada. Intenté todas las vías que pude encontrar para obtener asistencia financiera, pero de alguna manera siempre caí en las grietas de la burocracia. No pude obtener ninguna ayuda y me sentí traicionado por el gobierno al que había servido fielmente pagando impuestos y trabajando para la comunidad.

Mi carga financiera aumentó otros $30,000 cuando me sometí a una segunda cirugía en el M. D. Anderson Cancer Center en Houston, Texas. Era otro cáncer que se esperaba que se propagara y empeorara progresivamente. Después de la cirugía, me dijeron que necesitaba someterme a tratamientos de quimioterapia durante los próximos dos años. ¡¡Dos años!! Sonó como una eternidad. No tenía seguro médico, ni ingresos, y una carga financiera que había aumentado hasta alrededor de $85,000. En la naturaleza

Naturalmente, no había esperanza. Sin embargo, en mi corazón sabía que tenía que aferrarme a lo que el Espíritu Santo me había dicho. A pesar de lo que podía ver, tenía que confiar en'que todo estaba en la mano de Dios. . ¡¡¡Tenía que hacerlo!!! Era todo a lo que podía aferrarme y, por Su gracia, no estaba dispuesto a desviarme de Su promesa. Tenía que creer que, de alguna manera, Dios sería fiel a Su nombre. Él había dicho que era "Jehová Jireh", mi Proveedor. Era su problema, no el mío.

Recuerdo claramente el día en que, finalmente lo suficientemente fuerte como para levantarme de la cama, regresé al McAllen Medical Center para hacer un arreglo sobre el pago de mis honorarios médicos de mi primera estadía en el hospital, cirugía y radiación. Cuando me acerqué a la oficina comercial, supe que sería una cantidad astronómica de dinero. Sentí que terminaría haciéndoles pagos mensuales por el resto de mi vida. La señora detrás del mostrador de la Oficina Comercial me pidió que tomara asiento mientras miraba mis registros e información financiera en la pantalla de su computadora. Cuando finalmente revisó toda la información, me dijo que la administración del hospital había decidido cancelar la cantidad total de $65,000. En mi corazón sabía que Dios había tocado el corazón de estas personas,

En el Hospital M.D. Anderson de Houston, mi saldo era cercano a los 30.000 dólares. Como el neurólogo que se ocupó de mi caso esperaba que yo fuera candidato para un ensayo clínico (un procedimiento con láser no quirúrgico para tumores cerebrales), siguió adelante e hizo todos los arreglos necesarios para que yo fuera tratado en el M. D. Anderson. Lo irónico era que lo que menos les preocupaba era el dinero para pagar esta costosa cirugía. Después del procedimiento de tres horas y una noche en el hospital, estaba en camino a una recuperación completa sin complicaciones. En las semanas siguientes, llamé al Centro para preguntar sobre mi factura y, una vez más, me dijeron por teléfono que tenía saldo cero. Toda mi factura en la computadora había sido eliminada. ¡No tenían constancia de que yo le debiera ni un centavo al hospital! Sólo para estar seguro, le pedí a la señora que por favor me enviara algo en papel para conservarlo como prueba. Todavía tengo el recibo de ese saldo cero. Una vez más. Dios había demostrado ser fiel.

Sin embargo, todavía quedaban los gastos de mis tratamientos de quimioterapia y los numerosos vuelos que tendría que tomar desde mi casa hasta Houston para recibirlos. Por supuesto el dinero no llegó por el cielo ni por correo. Pero una vez más, el Señor actuó con autoridad sobre mis cuentas. Pero cuando necesitaba comenzar la quimioterapia, una persona anónima me había donado boletos de avión para que los usará durante todo mi tratamiento en Houston.

El favor y la fidelidad de Dios eran tan evidentes: seguí recordando la promesa que Él me había dado desde el primer día y procedí a hacer lo que tenía que hacerse. Muchos aspectos de mi vida cambiaron dramáticamente. Mientras se somete a la quimioterapia. Simplemente no tenía fuerzas para correr mis habituales seis millas al día. Los cambios en mi vida y en mi dieta a menudo requerían mucho tiempo y eran inconvenientes. Mi médico me recomendó evitar la cafeína, los productos lácteos, los ácidos y todas las variedades de carnes rojas.

En lugar de eso, debía comer todos los alimentos naturales ricos en proteínas e incluir frutas, verduras y cereales frescos. Esto ejerció mucha presión sobre mi esposa, Carol, ya que tenía que cocinar (¡nada de comida rápida!) tres o cuatro comidas diarias, además de trabajar diez horas al día. Casi no había tiempo para disfrutar de estar juntos. Me sentí culpable por no poder hacer mi parte de las tareas del hogar.

El cáncer ha cambiado mi forma de ver el mundo, tanto en sentido literal como figurado. Perdí mi visión periférica izquierda como resultado de la primera cirugía. Sigo teniendo extrema precaución al conducir debido a esto. Después de la segunda cirugía me dijeron que tendría que someterme a tratamientos de quimioterapia. Durante las primeras etapas de mis tratamientos, el oncólogo que estaba atendiendo en ese momento se encargó de cambiar el protocolo prescrito por el Dr. del M.D. Anderson, lo que resultó en una sobredosis de quimioterapia que me dejó en estado de shock durante aproximadamente 48 horas. También tuve que dejar de participar en los partidos de fútbol y baloncesto de los fines de semana con mis amigos. A veces esto me ha hecho sentir que ya no "pertenezco" a mis amigos, como si el cáncer me hubiera hecho diferente. Pero al mismo tiempo, poder conducir, tener un trabajo y asistir a la universidad se han convertido para mí en tesoros preciosos, cosas que daba por sentado. Para mí son milagros en una vida que ha estado llena de milagros.

Las tribulaciones que he enfrentado como resultado del cáncer han sido muchas y variadas, afectándome no sólo en el ámbito físico, sino también en mis emociones, relaciones, finanzas y espiritualidad. Sólo gracias a mi estrecha relación con mi Señor y Salvador Jesucristo he podido superar estas fases críticas.

LA ESCUELA DEL SUFRIMIENTO

"**P**orque a vosotros os es concedido en nombre de Cristo, no sólo creer en él, sino también sufrir por él..."

-Filipenses 1:29

No pretendo saber todo lo que hay que saber sobre el tema del sufrimiento. Sin embargo, sí sé lo que es luchar contra el cáncer de cerebro durante siete años y he experimentado de primera mano el dolor físico, espiritual y emocional, así como el dolor de quienes me rodearon con su amor y apoyo durante ese tiempo. Dios me ha permitido amablemente pasar por la escuela del sufrimiento.

Cualquiera que sea la prueba en la que te encuentres, Dios puede, si se lo permites, usar ese tiempo para refinar tu fe y acercarte más a Él. Como creyente en Cristo, elegí ponerme toda la armadura de Dios, como Pablo me instruyó en las Escrituras, y obtuve un control sólido de la verdad de la palabra de Dios. Dios es un Dios que juró por Su propio nombre, que Su palabra no volvería a Él vacía.

Una de las primeras batallas que tuve que afrontar fue contra las mentiras del rechazo. En los días anteriores a que Jesús viniera a la tierra, el pueblo judío tenía su propia filosofía sobre el propósito del sufrimiento. Creían que, cuando las personas experimentaban pruebas y tribulaciones, era a causa del pecado que había en sus vidas. El sufrimiento era el juicio de Dios que había caído sobre ellos. Un corolario de eso era que, si uno estaba siendo bendecido y prosperado, entonces el favor de Dios estaba sobre él. Todavía estamos muy tentados a escuchar las mentiras del diablo. Susurra, de manera bastante convincente, que Dios ya no nos ama, que su juicio está sobre nosotros por nuestra vida pecaminosa. Durante las primeras horas de mi diagnóstico, mientras yacía en mi cama de hospital, varios visitantes tuvieron la audacia de preguntarme si estaba viviendo en pecado. Aunque me horrorizaron estos comentarios, sólo podía pensar en Job y en cómo enfrentó una situación similar a ésta. Mi enfoque no estaba en estar a la defensiva, sino más bien en mantenerme firme en las promesas de Dios.

Esto, por supuesto, es completamente contrario a la doctrina de nuestra salvación y a la Palabra de Dios. Jesús vino y tomó el juicio que merecemos y nos dio la bendición que no merecemos. Como si eso no fuera suficiente, tenemos la seguridad de Dios en Su palabra de que Él realmente está de nuestro lado:

"¿Qué, pues, diremos a estas cosas? Si Dios es por nosotros, ¿quién contra nosotros?" Romanos 8:31. "Cuando clamé a ti, entonces mis enemigos retrocederán; esto lo sé, porque Dios está por mí". Salmo 56:9.

Otra lección que tuve que aprender tiene que ver con un viejo argumento filosófico. "¿Cómo puede un Dios bueno permitir que le sucedan cosas malas a su pueblo?" Tenemos creyentes entre nosotros que alguna vez brillaron positivamente con el gozo del Señor, pero ahora están amargados, tal vez descarriados, cegados e incapaces de crecer porque guardan rencor contra Dios. A veces esta amargura contra Dios es tan severa que abandonan su fe por completo. Durante el alcance a Barcelona, España, cuando era misionero interno, me encontré con un hombre que decía ser ateo. Después de pasar algún tiempo testificando, mencionó que solía ser un cristiano nacido de nuevo. Sin embargo, cuando se le presentaron tiempos de prueba y dificultad, culpó a Dios por ellos. A partir de ese momento no quiso tener nada más que ver con el cristianismo.

A pesar de pasar por momentos de sufrimiento, los creyentes deben recordar que Dios no es el autor del mal: "Porque tú no eres un Dios que se complace en la maldad". (Salmo 5:4). Debido a la caída del hombre, el mal está permitido, pero no es algo en lo que Dios se complace. No debemos olvidar que Él hace que "a los que aman a Dios, todas las cosas les ayuden a bien, esto es, a los que conforme a su propósito son llamados". (Romanos 8:28).

Una de las cosas más importantes que Dios nos enseñará en la escuela del sufrimiento, si lo permitimos, es el estado de nuestro propio corazón. De hecho, Dios está mucho más preocupado por eso que por librarnos de nuestra prueba. La prueba se está llevando a cabo en este reino físico, que eventualmente desaparecerá. Pero nuestro corazón está con nosotros por la eternidad. En Salmo 4:4 se nos instruye a "meditar en tu corazón en tu cama y estar quietos". En medio de las pruebas y el sufrimiento, el cristiano tiene una excelente oportunidad para escudriñar y juzgar su propio corazón. Es posible que se encuentre lidiando con algunas preguntas difíciles. ¿Lo amaré sólo cuando las cosas vayan bien?

¿Solo lo amaré cuando sienta su presencia? ¿Lo amaré sólo cuando me salga con la mía? Si es así, ¿es esto realmente amor?

Todos conocemos a aquellos que oraron diligentemente por su milagro de curación, lo obtuvieron, agradecieron a Jesús y nunca más entraron a una iglesia. Pierden el potencial que había en ellos para ser vasos de Dios y ministrar a otros en sus tiempos de dificultad. En Juan 6, Jesús alimentó a las multitudes e hizo muchos milagros. Sin embargo, muchos se alejaron después de que sus necesidades fueron satisfechas. Jesús preguntó a los discípulos restantes si querían irse también. Que todas nuestras respuestas sean como las de Simón Pedro: "Señor, ¿a quién iremos? Sólo tú tienes palabras de vida eterna". (Juan

6:68).

CORRIENDO LA CARRERA

"¿ No sabéis que los que corren en una carrera corren todos, pero uno recibe el premio? Corred, pues, para obtenerlo".

-I Corintios 9:24

En Filipenses 2:15, Pablo también recuerda a los creyentes "aferrarnos a la palabra de vida... para que no corramos en vano". Mientras reflexiono sobre mi batalla contra el cáncer, los trofeos, medallas y placas por las que corrí innumerables millas parecen pasar a un segundo plano. Ninguno de estos logros realmente importa al final. Sólo queda el poder sanador de Dios. Durante mis viajes al Centro Oncológico M. D. Anderson, sentí una profunda compasión por las víctimas que me rodeaban. Muchos de los pacientes con los que entré en contacto no tenían esperanzas. Si queremos correr la carrera que Pablo nos llamó a correr, si queremos ser campeones de Cristo, debemos resolver estos problemas sin importar las batallas en las que estemos involucrados.

El diablo puede mentirte en medio de tu situación y decirte: "Dios no debe amarte mucho si permite que esto te suceda". Permítame animarle a encontrar la verdad en lo que proclama la Biblia.

1 Corintios 9:24 "¿No sabéis que los que corren en una carrera correrán, pero uno solo recibe el premio? Corred de tal manera que lo podáis obtener. Y todo el que compite por el premio es templado en todas las cosas. Ahora ellos lo hacen para obtener una corona perecedera, pero nosotros por una corona imperecedera.

Como ex corredor de fondo en Cross Country y Track, estas palabras del apóstol Pablo que invitan a la reflexión son cruciales para terminar la carrera que el Señor Jesucristo nos ha llamado a correr. Aunque la vida de un corredor es un trabajo duro y solitario, trescientos sesenta y cinco días al año, permíteme llevarte a la mente, el alma y el cuerpo de un corredor que desea ser un campeón. No les doy una filosofía vana, sino principios básicos que me impulsaron desde un rechazo en mis primeros años de carrera hacia el potencial y el destino que Dios me había dado "¡NO CREO EN LA DERROTA!"

¿Permites que el diablo te engañe, en lugar de que Jesús te guíe a la victoria?

- Mayor es el que está en ti que el que está en el mundo. 1 Juan 4:4

- Date cuenta de que los días fáciles sin presión han terminado. No puedes ganar hoy con lo que hiciste en la última carrera. (NOTA PARA EL EDITOR: última carrera, o ayer).

- Todo lo puedes en Cristo que te fortalece. Fil 4:13 "NINGÚN PRECIO ES DEMASIADO ALTO PARA PAGAR EN JESÚS

Trabaja en la actitud que dice "puedo" o "lo haré" sin importar cuál sea el resultado.

- Un abandono imprudente para terminar la carrera.

- •Correr y trabajar a plena capacidad diariamente.

No te enorgullezcas simplemente de ir a la iglesia; esto no es ningún logro. • Ya no podemos honrar la participación; cualquiera puede participar.

Desarrolla un espíritu como el de Josué, Caleb, Gedeón y Jesús.

"PARA SER GANADOR, TRABAJA MÁS DURO MÁS QUE TU ENEMIGO"

- ¿Es la comida más importante que la Palabra de Dios? ¿Es el ayuno un atributo común en tu caminar para derribar Principados y Poderes.?

- ¿Oras sin cesar?

- • ¿Ofreces oraciones simbólicas?

- • ¿El infierno reconoce tu nombre?

"UNA CORONA DE VIDA ESPERA A LOS QUE PERSEVERAN HASTA EL FINAL"

- Dios está más interesado en tu corazón que en tus talentos.

- Dios está más interesado en los que sirven que en los que pueden liderar.

- Dios puede hacer más con el uno por ciento totalmente dedicado que con el poco común noventa y nueve por ciento.

- Dios nunca permitirá que nada satisfaga tus necesidades, sino él mismo.

- Dios resiste a los soberbios, pero da gracia a los humildes. Santiago 4:6

"PENSAMIENTOS DE DESEOS:"

- No te hará vencedor, sino la Sangre de Jesús.

- •No te hará cristiano, pero conocer a Jesucristo como el salvador de su vida.

- •Debe ser sepultado, para que podamos habitar en aquellas cosas que son puras, hermosas, honestas y de buen valor. • Contradice la Palabra de Dios; sin fe es imposible agradar Dios.

- No te convertirá en campeón.

"DESEO: EL DESEO DE UN CAMPEÓN"

- El yo interior del hombre ya no está satisfecho con el status quo. La urgencia de cambiar o desafiar sus condiciones presentes, pasadas o futuras.

- La noción de lograr lo impensable a pesar de los obstáculos

Sigue a los que lideran con integridad, no a los que tienen títulos. Reconoce la sabiduría y el don de Dios; No se jacta ni se apoya en el brazo de la carne.

- Hace que el corredor llegue a tiempo a practicar y sea proactivo en lugar de reactivo.

Dice "sí" cuando otros dicen que no se puede hacer.

"VITAMINAS PARA CORREDORES:

- La clave para correr está en correr más, y la clave para la vida es tener hambre de más Jesús.La base del

47

éxito es el trabajo duro y diligente; por lo tanto no hay escapatoria Nunca nada se hace a medias.

- Nunca se ha logrado nada que realmente valga la pena sin entusiasmo.

- Para Dios todo es posible para los que creen.

- La palabra "DEJAR" nunca es una opción.

- Las excusas no te llevarán a ninguna parte.

"DOLOR"

- Nunca podrás alcanzar la grandeza sin dolor.

Jesús bebió su copa de dolor.

A través de muchas tribulaciones, heredaremos el Reino de Dios.

- No basta creer, sino sufrir por Él.

- Los días de "creencia" fácil han terminado.

"SUPERACIÓN"

- Jesús dijo "Tened buen ánimo, yo he vencido al mundo". Juan 16:33

Los campeones no nacen de personas que siempre hacen las cosas a su manera.

- Es un rasgo que pertenece a un Campeón.

- Un obstáculo se superará o será superado.

Los ganadores no son aquellos que pasan una temporada y nunca enfrentan un desafío real.

- Jesucristo sabe de nuestras decepciones.

Jesús enfrentó la prueba de la traición, la negación y la crucifixión, y la superó.

No dejes de correr "La Carrera"

EPÍLOGO

"Hablamos de la segunda venida, pero la mitad del mundo nunca ha oído hablar de la primera". Mientras leo y reflexiono sobre esta cita de Oswald J. Smith que invita a la reflexión, estoy más que convencido de que el Señor Jesús me ha salvado para Sus propósitos. Aunque pude haber pasado por algunos inconvenientes menores, sé que la mano de la "Providencia" tiene el control. Al cerrar este tiempo de prueba y prueba, permítanme informarles sobre mi situación aquí al final del Año de Nuestro Señor 2004.

Como siempre me esfuerzo por ser proactiva en mis esfuerzos, en lugar de quejarme por mis terribles experiencias, tomé la iniciativa de realizar una doble especialización en Educación Especial y Enfermería. Ahora estoy a un semestre de mi graduación programada para el otoño de 2004. Además, actualmente estoy en el proceso de crear un ministerio médico con énfasis en trabajar en México y la "Ventana 10/40". En esencia, desde que soy voluntario como Pastor de Jóvenes y Misiones, el Señor me ha liberado para abrir una Escuela de Misiones con el nombre de Escuela de Misiones HATIKVAH, Internacional. Siempre he creído que los llamados de Dios no deben ser abandonados; por lo tanto, estoy en deuda con el llamado de la "Gran Comisión".

Para terminar, oro para que mi testimonio no solo traiga esperanza en un Salvador que ha conquistado la muerte, el infierno y la tumba, sino que también demuestre que él es fiel y fiel a su pacto. Actualmente, me han declarado en remisión de cáncer de cerebro. yo solo puedo hablo por lo que he experimentado, que mi Dios es fiel y capaz de hacer en gran manera y en abundancia todo lo que ha prometido.

CAROL: UNA ESPOSA QUE ENFRENTA EL CÁNCER

"**¿** Cómo se puede afrontar el hecho de que a un ser querido le diagnostiquen cáncer?"

Yo digo: "Ora, ora, ora y cuando hayas terminado de orar, ora un poco más..." El Diccionario Webster del Idioma Inglés define "afrontar" como "una lucha para superar la dificultad". Esto es exactamente lo que hace la familia de un paciente con cáncer mientras lucha por encontrarle sentido a las circunstancias caóticas en las que se ve envuelta. Cuando se declara el diagnóstico, diferentes miembros de la familia pasan por diferentes procesos para afrontar la situación. En la etapa inicial, es probable que el cónyuge (e incluso el paciente) experimenten una sensación de trauma. No es raro que nos preguntemos: "¿Por qué sucede esto?". No he encontrado ningún traje-

respuestas capaces. La ansiedad y la impaciencia aumentan cuando no encuentras las respuestas a tus preguntas. Tenga en cuenta que el camino para darle sentido y asimilar el impacto de la enfermedad es muy complejo.

Como esposa de un hombre a quien inesperadamente le diagnosticaron un tumor maligno, me siento obligada a compartir algunas estrategias que me funcionaron. Mi esperanza y mis oraciones para que mis experiencias personales ayuden a los pacientes con cáncer y a sus seres queridos es que puedan afrontar las cargas que produce la enfermedad del cáncer. Como usted sabe, el cáncer no viene con un manual de instrucciones que ayude a las familias a afrontar el estrés emocional, físico y financiero que produce la enfermedad. "¿Cómo puedo afrontar el día de hoy?" (Y mucho menos mañana). Esto, amigo mío, lo aprendí.

a través de angustias y dolores! Tuve que aprender algunas estrategias para sobrevivir al horror.

que la enfermedad estaba acarreando sobre mi familia. Que estas estrategias te ayudarán

Sólo podemos esperar y orar. Una vez transmitido el pronóstico, la familia tiene que tomar decisiones sobre los tratamientos." Siempre, y recalco SIEMPRE, pida al menos tres opiniones médicas.

¿Por qué? Porque tres cabezas piensan mejor que dos. Y con la vida de un ser querido en juego, la comprensión de la tercera voz me ha resultado útil y tranquilizadora.

¡Ten cuidado! Tomar decisiones de tratamiento puede convertirse en una montaña rusa emocional. ¡Esté preparado para que algunos miembros de su familia no estén de acuerdo con su selección de opciones de tratamiento! Desafortunadamente, esto puede dar lugar a disputas familiares a largo plazo si no se tiene cuidado. A través de mucha oración, alguien de la familia tiene que asumir la autoridad para ayudar a la víctima a tomar decisiones sabias. Si bien el cónyuge del paciente debe consultar a los suegros y otras personas clave, estas personas deben comprender que se les pide que den una opinión, no que tomen una decisión. La víctima de cáncer (y su cónyuge, cuando lo haya) debe reservarse claramente el derecho a tomar la decisión final. Todos se beneficiarán al recordar que el tiempo es limitado al tomar decisiones relacionadas con el tratamiento del cáncer. No es prudente desperdiciarlo en disputas. Úselo para tomar la mejor y más informada elección de tratamientos que pueda.

Además, investigue lo más posible sobre la enfermedad, sabiendo que nunca tendrá "suficiente" información. Esto incluye causas, opciones de tratamiento, procedimientos de recuperación y nutrición. Al principio, es posible que ni siquiera quieras ver la palabra cáncer o tumor, ¡pero debes superar este miedo! La Biblia dice: "Mi pueblo perece por falta de conocimiento". ¡Así que ármate con toda la información que puedas para derrotar a tu enemigo! Conocer a su enemigo le dará información para hacerle a los médicos las preguntas adecuadas. A medida que investiga y cuida a su ser querido, asegúrese de atender sus propias necesidades emocionales y físicas.

Es probable que sus emociones "cuelguen de un hilo". El comentario más insignificante de un amigo o familiar bien intencionado puede enfurecerse. Para evitar cambios de humor, es necesario dormir lo suficiente y comer alimentos saludables. La falta de sueño privará al cerebro de las funciones cognitivas normales y provocará fatiga física.

"¿Cómo puedo asegurarme de que comeremos comidas bien equilibradas teniendo en cuenta el horario que vamos a afrontar?"

Quizás piense que es imposible preparar comidas saludables cuando pasa tanto tiempo en hospitales y consultorios médicos. Pero simplemente empaque un almuerzo ligero y no perecedero y llévelo a donde quiera que vaya. Prepárese con anticipación comprando panes integrales, bagels, manzanas, nueces, jugos embotellados y agua que lo mantendrán hidratado y le darán mucha energía. Sí, ¡necesitas cuidarte a ti mismo antes de poder cuidar a los demás!

Además, te recomiendo que adoptes un ritual nocturno que te ayudará a aliviar la ansiedad. Por ejemplo, prepárate para ir a la cama leyendo un libro inspirador y terminando con una breve oración. Esto te ayudará a entregar tus cargas diarias a tu Padre Celestial. Él te dará una sensación de libertad y paz que hará que tu cuerpo se relaje y duerma bien por la noche. preparar

También le sugiero que ponga sus finanzas en orden. Conseguí un cuaderno de espiral y un presupuesto de etiquetas. Enumere todas las fuentes de ingresos y cuente sus ingresos totales mensuales. Luego, enumere todos sus gastos mensuales actuales, como diezmos, hipotecas, pagos del automóvil, seguros, servicios públicos, comestibles, gasolina, facturas médicas, televisión por cable, periódicos por suscripciones, etc. Reste los gastos mensuales totales de su ingreso mensual total. .

Si estás en números rojos, ¡no entres en pánico! Es probable que todavía puedas llegar a fin de mes. Primero, lleve sus necesidades al Señor en oración. Pídele sabiduría que te prepare para desarrollar un plan para cumplir con tus obligaciones. Comience a reservar dinero para pagar cosas no negociables como el diezmo, la hipoteca, el automóvil y los servicios públicos.

El siguiente paso es determinar cuánto puede pagar por las facturas médicas incurridas.

¿Puedes pagar unos cientos de dólares al mes por gastos médicos? Una vez que tenga esta información, consulte su lista de acreedores médicos y comuníquese con ellos. Pide hablar con el gerente del departamento de cobros y explícale tu situación financiera y ofrécele un monto que puedas pagar mensualmente. La mayoría de los establecimientos médicos se adaptan fácilmente a este tipo de arreglos.

Otra estrategia que te ayudará a generar algo de dinero extra es eliminar algunos de los "extras" que realmente no necesitas. Por ejemplo, su servicio telefónico residencial probablemente le esté cobrando por algunos servicios adicionales como identificación de llamadas, llamada en espera, etc. Si cancela estas opciones, probablemente ahorre al menos el veinte por ciento de su factura mensual. Además, deshazte del cable de televisión innecesario y podrás ahorrar al menos cincuenta dólares al mes. Estoy seguro de que cree que puede encontrar muchos más servicios "pausados" que ciertamente puede eliminar y tener dólares extra.

Estas técnicas de ahorro de dinero me ayudaron a tomar el control de nuestras finanzas. Una vez que me organicé, estaba en camino de conseguir una buena línea de crédito y, para mi sorpresa, ¡algunos acreedores incluso cancelaron nuestras cuentas médicas!

Incluso en esta difícil situación, tómese el tiempo para hablar con su cónyuge o familiar enfermo. Es importante que intentes hacer una vida normal en la medida de lo posible. Tony y yo teníamos horarios diarios muy diferentes, pero siempre cenábamos juntos. Este era el momento de ponernos al día, simplemente hablar sobre los acontecimientos diarios y un momento para nutrir nuestra relación. ¡Incluso nos fijamos metas a corto plazo! Sí, hicimos planes para un futuro...

El cáncer de Tony ha estado en remisión durante los últimos seis años y, gracias a Dios, ¡casi hemos terminado de pagar esas viejas facturas médicas!

Todavía no sé por qué Tony estaba destinado a sufrir esta terrible experiencia del cáncer. Quizás nunca sepa la respuesta a esa pregunta de este lado del cielo, pero encontramos una manera de superar la enfermedad y, como resultado, maduramos como individuos. Nuestra relación-El barco es más fuerte que nunca. Aunque no sabemos por qué Tony tuvo que librar esta batalla contra el cáncer, basta saber que "los pasos del justo están ordenados por Dios".

¡QUÉ EHPERIENCIA! (CAROL RECUERDA)

Recuerdo vívidamente el horrible día en que mi mundo se hizo añicos, mis pensamientos se cansaron de escapar en todas direcciones cuando el médico pronunció la palabra "Tumor". Seguía escuchando sus palabras: "¡Encontramos un tumor cerebral que presiona y por lo tanto es la causa de los infames dolores de cabeza!" resuena en la mente.

Una vez que mi cerebro registró claramente la palabra "¡Tumor!", las preguntas arrasaron mi cabeza. ¿Qué? ¿Un tumor? ¡No puede ser! ¿Qué vamos a hacer? Mi cerebro daba vueltas por el miedo y la confusión mientras salía corriendo de la sala de emergencias para respirar un poco de aire. En completo shock, mi mente parecía correr a cien millas por hora. ¡Sabía que tenía que calmarme, pero no podía! Incontrolablemente, grité. Después de unos minutos, recuperé el control suficiente para regresar al hospital. Fui a la habitación de Tony en busca de su mamá. Nos abrazamos. Recuerdo simplemente abrazarnos mientras las lágrimas rodaban por nuestras mejillas. Ninguno de nosotros sabía qué decir para consolarnos mutuamente. Estábamos más allá del consuelo. De hecho, estábamos tan ocupados "más allá de nuestra comodidad" que pasaron varios momentos antes de que (finalmente) recordamos que habíamos abandonado a Tony, ¡dejándolo solo con el médico!

Lento pero seguro caminamos de regreso para encontrarlo. Como siempre nos consoló diciendo: "De cualquier manera con Dios no pierdo". Cuando el médico habló conmigo, sentí una sensación de paz. ¡De alguna manera supe que todo iba a estar bien! No sabía que, a través de las pruebas y tribulaciones, tanto nuestra fe como nuestros lazos familiares se fortalecerían.

Conforme fueron pasando los días. Tony tuvo cirugía, tratamientos de radiación y rehabilitación.

terapia de acción. Ocho meses después, justo cuando pensábamos que el largo proceso de recuperación había terminado, el tumor se regeneró con toda su fuerza. El médico dijo: "Hmmm... estamos pensando en otra cirugía". El tira y afloja entre mi cerebro y mi corazón comenzó de nuevo. Contra todo pronóstico, dije: "¡No más! ¡Tiene que haber una mejor opción!".

Sin embargo, sabía que, a medida que me tomaba el tiempo para considerar otras alternativas, el mundo de los tumores malignos avanzaría lentamente y ganaría cada vez más territorio en el cerebro de mi marido. Sin seguro, y con nada más que fe y sólo Con la esperanza de nuestro lado, fuimos al Hospital Herman en Houston. Nos rechazaron debido al alto costo de los tratamientos y la naturaleza devastadora de este pronóstico de cáncer en particular. Tony y yo regresamos a casa con tal sensación de impotencia y desilusión que ni siquiera puedo empezar a encontrar palabras para describirlo.

Nos guste o no, la vida siguió. Regresé a mi trabajo docente. Después de unos días, un amigo me trajo un artículo sobre un nuevo procedimiento cerebral que se estaba realizando en la Clínica Oncológica M. D. Anderson Clark. Me llevé el artículo a casa y estuvo en mi mesa de café durante días. Por sorprendente que parezca, no me atreví a leer el artículo. Leer ese artículo podría hacerme ilusiones; y si Tony no fuera aceptado en este hospital, él y yo tendríamos que pasar por otra inmensa decepción. ¡Simplemente no podía soportar verlo desanimado por segunda vez!

Sin embargo, al final de esa semana, me armé de valor y leí el artículo. El artículo informó que el Dr. Sawaya, jefe de la clínica de neurocirujanos, estaba utilizando una nueva cirugía láser para extirpar tumores cerebrales. Al parecer esta cirugía sólo se estaba realizando en dos lugares del mundo: la reconocida Clínica Mayo y en el hospital M. D. Anderson. Unas semanas antes, le había escrito al M.D. Anderson con respecto a nuestro dilema, pidiéndole que considerara tratar a mi esposo.

Por increíble que parezca, esa misma tarde a eso de las 7:30 p.m. metro. El teléfono sonó. Al principio dudé en contestar la llamada. Me había cansado de discutir con las agencias de cobranza pidiendo más dinero para cubrir los gastos médicos. Francamente, simplemente no estaba preparado para otra pelea. Pero algo me hizo contestar el teléfono. Aunque no estaba dispuesto, cogí el auricular y contesté la llamada.

"¿Hola?"

"Buenas noches, soy el Doctor Sawaya del Hospital M.D. Anderson.

Necesito hablar urgentemente con el reverendo Tony Péres", solicitó. Mi mente daba vueltas por el impacto de lo que acababa de escuchar. Mi corazón desmentía lo que mis oídos habían oído.

"Disculpe. ¿Quién es?" Respondí.

"Dr. Sawaya, ¿es usted la esposa de Tony?" cuestionó la voz al otro lado de la línea.

Casi no podía hablar. Supongo que sospechaba que éste era el caso, ya que

Esperó pacientemente mi respuesta. "Sí, señor, esta es su esposa Carol", exclamé. Recuerdo vívidamente la siguiente parte de la conversación. Tuve que avisarle que Tony

no estaba en casa en ese momento. "¿Dónde está Tony? Es urgente que hable con él". Dr. Sawaya, sé que no lo va a creer". Tuve que hacer una pausa aquí, porque ni siquiera yo podía creer lo que estaba a punto de decirle. "Está, ahhh, saliendo a correr, señor".

¡Ahora fue el turno del Dr. Sawaya de hacer una pausa y ordenar sus pensamientos! ¡Estaba corriendo! ¿Te imaginas a un tipo con una sentencia de muerte colgando sobre su cabeza saliendo a hacer ejercicio? Bueno, ese era Tony. Estaba lleno de

energía vibrante y deliberadamente pasaba cada minuto de su carrera diaria en oración y meditación. El Dr. Sawaya se aclaró la garganta y dijo con su voz paternal: "Entiendo que usted ha pasado por una terrible experiencia. He revisado sus exploraciones y es un buen candidato para cirugía y tratamiento. No haga más nada. Quédese quieto ". Dentro de un par de semanas, tendré todo listo y luego todos ustedes podrán venir a conocer al personal y nos encargaremos de los preparativos de la cirugía".

Sólo puedes imaginar lo que siguió. ¡Por primera vez alguien entendió lo que estábamos pasando! Lágrimas de alegría y agradecimiento comenzaron a llenar mis ojos. ¡En ese mismo momento, me di cuenta de que Dios abrió un camino donde parecía no haberlo! Sería poco realista (por no decir falso) pretender que, después de que el Dr.

Con la llamada de Sawaya, todo fue muy sencillo. Tony tuvo una cirugía exitosa realizada por médicos y enfermeras especializados muy atentos. Sin embargo, los tratamientos fueron muy agresivos y realmente pusieron a prueba nuestra paciencia. Tuve que aprender a cocinar comidas blandas sin ingredientes procesados para cada una de las tres comidas al día de Tony. Me despertaba infinitas veces en medio de la noche para amamantarlo. Yo era quien tenía que pagar las facturas que se podían pagar y manejar las llamadas de la agencia de cobranza para las que no podían. No sólo eso, sino que tenía que enseñar a 26 pequeños en la escuela todos los días.

Si no hubiera sido por el increíble amor y apoyo de familiares y amigos que siempre estaban dispuestos a intervenir y ayudar con las finanzas, las comidas caseras y la limpieza de mi casa, no habría podido brindarle a Tony el apoyo y atención que necesitaba. La única preocupación que Tony expresó fue su deseo de saber que yo todavía tenía una vida plena.

Un día Tony dijo:

"Carol, he estado pensando. Creo que deberías volver a la escuela y obtener tu maestría".

Inmediatamente respondí: "¡De ninguna manera! ¡Ni siquiera puedo soportar lo que tengo en mi plato ahora! ¿Y crees que necesito más?" "Sí, el deseo siempre ha sido obtener tu maestría. ¡Necesitas salir de casa y hacer lo que quieras!"

Una vez que Tony progresa a un nivel óptimo de salud, ¡regresé a la universidad! ¿De dónde vino el dinero y la energía? Nuevamente, Dios proveyó. No lo creerás, pero el distrito escolar que me empleó ofreció un programa de becas en el que fui aceptado. Para mi sorpresa, todavía cumplía con todos mis deberes y siempre tenía tiempo para sentarme con Tony a cenar.

A través de esta experiencia, la relación que Tony y yo compartimos se ha vuelto más profunda y mejor. ¡Nos convertimos en mejores amigos y aprendimos a vivir cada día como si fuera el último! Actualmente, el tumor de Tony ha estado en remisión durante los últimos seis años.

Durante la última visita al médico, su oncólogo le dijo: "¡Tony, seguramente te vas a morir de viejo! ¡Vive tu vida!". Y eso es justo lo que Tony está haciendo...

APÉNDICE

ENCONTRAR A JESÚS

La Biblia dice que Dios te ama tanto que te ofrece vida eterna una vez que termine tu vida en esta tierra: "Porque tanto amó Dios al mundo que dio a su único Hijo, para que todo aquel que en él cree no perezca, sino que tenga vida eterna". a través de Jesucristo nuestro Señor." Juan 3:16

. "Porque la paga del pecado es muerte, pero la dádiva de Dios es vida eterna en Jesucristo nuestro Señor". Romanos 6:23

La Biblia dice que todos hemos pecado y el pecado te separa de Dios:

- "Como está escrito: No hay justo, ni aun uno". Romanos 3:10

- "Por cuanto todos pecaron y están destituidos de la gloria de Dios". Romanos 3:23 La Biblia habla de la solución de Dios al problema de tu pecado:

"Cristo murió por nuestros pecados según las Escrituras; y fue sepultado y resucitó al tercer día según las Escrituras". 1 Corintios 15:3,4

- Jesús dijo: "Yo soy el camino, la verdad y la vida; nadie viene al Padre".

(Dios) sino por mí." Juan 14:6

¡La Biblia dice que puedes ser salvo!

- He aquí, yo estoy a la puerta y llamo, y si alguno oye mi voz y abre la puerta, entraré a él." Apocalipsis 3:20

"Porque todo aquel que invoque el nombre del Señor será salvo". Romanos 10:13

- "Si confiesas con tu boca que Jesús es el Señor, y crees en tu corazón que Dios le levantó de los muertos, serás salvo". Romanos 10:9 La Biblia dice que eres salvo por la fe:

Porque por gracia sois salvos mediante la fe, no de vosotros mismos; es don de Dios, no por obras, para que nadie se gloríe." Efesios 2:8,9 Entonces, ¿qué debes hacer si quieres encontrarte con Jesús?

Admite ante Dios que eres un pecador.

- Dile que te arrepientes de tus pecados.

- Cree que Jesús te ha perdonado completamente y ha recibido el castigo por tus pecados pasados, presentes y futuros.

Acepta a Jesús como tu Salvador y amigo personal. • Invita a Jesús a ser el Señor de tu vida.

¡Encuentre una iglesia que crea en la Biblia y cuéntele a alguien allí sobre su decisión de seguir a Jesús!

Simplemente díselo con tus propias palabras o haz esta oración: "Señor Jesús, sé que soy un pecador. Creo que moriste en mi lugar para quitar el castigo por mis pecados. Quiero que seas el Señor de mi vida". . Por favor, entra en mi corazón para que pueda seguirte.

Gracias por amarme tanto. En el nombre de Jesús te lo pido, AMEN."

ÚLTIMAS PALABRAS DEL AUTOR DR. TONY PERES

Amados, gracias por comprar este libro, el cual espero que sea un testimonio de lo grande que Dios a hecho, hace y hará en la vida de los que le aman.

En este ano de 2024 ya estamos a medio año de terminarlo, aun la iglesia de Cristo sigue a la expectativa de si misma mientras la gente sufre , espera que la iglesia despierte por medio de un avivamiento.

Nuestro país en los Estados Unidos sigue perdiendo su moral, creencias e ideales bíblicos, llamamos a lo malo bueno y a lo bueno malo, tenemos un congreso que sigue abortando niños en los miles por año, nuestro dinero dice en Dios confiamos, pero prácticamente vivimos como los babilónicos en la antigüedad, este país esta a punto de confrontarse con Dios.

Las señales que se han visto, por ejemplo; tornados, eclipses, terremotos y las torres del 2001 eran solamente para despertarnos y buscar su rostro. Hemos perdido el punto más importante que es caminar con Dios.

Este libro es el segundo sobre mi victoria contra el cáncer y espero que el tercero sea publicado sobre mi victoria en sacar mi Doctoral aun siendo probado por medio del cáncer, paralizado, per la vista, y luchar con profesores que me decían que no era digno de ser estudiante universitario, hoy vivo con mi hijo Dominick y mi esposa Carolina que son mi inspiración y motivación para llegar a ese nivel.

Los recursos de este libro ayudaran a seguir mi trabajo misionero y pastoral siguiendo el llamado de Dios a las naciones. Naciones como Malasia, Israel, Dubái y México.

Espero que mi historia sea de motivación sabiendo que para Dios nada es imposible.

Si quisiera que mi testimonio sea presentado en su iglesia, escuela o club, estoy a sus órdenes. mcallenhealingrooms@gmail.com